Johannes Pappus

Christlicher und notwendiger Bericht

Von der zweibrückischen zu Heidelberg neulich gedruckten Erklärung des Catechismi

Johannes Pappus
Christlicher und notwendiger Bericht
Von der zweibrückischen zu Heidelberg neulich gedruckten Erklärung des Catechismi

ISBN/EAN: 9783743604186

Hergestellt in Europa, USA, Kanada, Australien, Japan

Cover: Foto ©Lupo / pixelio.de

Manufactured and distributed by brebook publishing software (www.brebook.com)

Johannes Pappus

Christlicher und notwendiger Bericht

Christlicher vnd notwendiger Bericht/
Von der Zweybrücki-
schen/ zu Heidelberg newlich gedruckten erklärung des
Catechismi.

Es hat zwar dise newe erklärüg des
Catechismi gleich im Titul vnd der Vber-
schrifft/ einen sehr feinen gleissenden schein/
als ob sie fürnemlich dahin angesehen/ daß
der gemeine Mann vnnd die Jugend/ sich
vor Abgötterey/ aberglauben/ vnd falscher
Lehr desto bas zuuerhüten vnd zuuerwaren habe. Wie dann
auch die Vorrede pag. 5. klaget/ daß es vmb des zeittlichen
willen/ leider bey vilen schier dahin komme/ daß der Päpstliche
grewel gering geacht/ vnd vnder priuatgezäncken/ auch gros-
ser fahrlessigkeit in lesung Gottes worts/ vnd fleissiger vbung
des Catechismi/ solch Papstumb vnd aberglauben neben andern Jrrthumben von newem in dise Lande einzuschieben vn-
derstanden würdt. Item Pag. 7. daß vil Päpstliche Jrrthum
jungen vnd alten noch zum theil eingebildet/ etc. Vnnd pag. 15.
würde gemeldet/ daß hin vnd wider in den Kirchen vnd andern
orten des Fürstenthumbs Zweybrücken/ noch allerhand aber-
glaubische Bilder/ Meßgewand/ Chorröck/ vnd dergleichen/
so vom Papst in die Christliche Kirche eingeschoben/ vor han-
den/ auch von frembden vnd andern angebettet vnd vor heilig
gehalten werden.

A ij Wann

Christlicher Bericht/ von der Zwey-

Wann man aber die gantze erklärung mit fleiß durch lisset/ so befindt es sich / daß vnder den ein vnnd sibentzig Fragen der erklärung/ allein zwo/ nämlich/ die neun vnnd dreissigste/ was auß des HERRN gebett zulernen/ pag. 43. vnd die ein vnd sibentzigste oder letste/ von den Päpstischen fürnemen Irthumben vnd Abgöttereien bey dem H. Abendmal/ wider das Papstumb außtruckenlich gerichtet / die andern aber alle der massen geschaffen sind/ daß sie eintweder zwischen vns/ vnnd den Sacramentierern keinen streit haben/ oder aber / da streit ist / die Antwort der einmütigen erklärung der Kirchen Augspurgischer Confession stracks entgegen/ vnd mit den Sacramentierern vberein stimmet. Wie dann in der abtheilung der zehen Gebott bey der. 5. vnd 6. von den zweien Hauptartickel des Christlichen Glaubens/ bey der 24. 25. 26. 28. vnd 29. vnd zum theil bey der 35. von den Sacramenten in gemein bey der 45. 46. 47. 48. 49. vnd 50. vom heiligen Tauff/ bey der 53. 55. 56. 57. 58. vnd 59. vom H. Abendmal / bey der 61. 63. 64. 65. 66. 67. 68. 69. vnd 70. Frage vnd Antwort zusehen.

Darauß dann offenbar/ daß dise newe erklärung des Catechismi zu solchem fürhaben / dem widerumb einreissenden/ oder noch nicht gar abgeschafften Papstumb zuwehren wenig dienstlich/ vnnd daß die Kirchendiener vnd Theologi, so dise Fragen vnd Antworten gestellet/ vil ein ander Intent vnd meinung vor jnen gehabt/ wie hernach an seinem ort klärlich soll dargethon werden. Vnd zwar/ wann es vmb die mißbräuche des Papsthumbs fürnämlich zuthun were / so hette es allerdings keiner newen erklärung des Catechismi bedörfft / sondern es were solches alles vorhin/ in dem ersten theil der Zweybrückischen Kirchenordnung/ vnd nemlich in dem Examine der Ordinanden/ vnd Christlicher anleitung für die Kirchendiener

brūckischen erklärung des Catechismi.

diener / darnach sie jhr Lehr richten sollen / gnugsam zufinden gewesen. Dann in demselbigen Examine / werden nachfolgende Päpstliche Irrthumbe / vnd Mißbrāuche außführlich widerleget. I. Von der rechtfertigung/ in der Frage: Ob dise Rede recht seie: allein durch den Glauben werden wir gerecht? pag. 15. b. Item in der bald darauff folgenden Frage: Was ist der vnderscheid der warhafftigen Lehre in vnsern Kirchen in disem Articul/ vnd der Päpstischen falschen Lehre? pag. 18. a. vnd bald widerumb: Ob die Päpstische Lehre recht seie/ daß ein Mensch für vnnd für im zweifel bleiben soll / ob er vergebung der Sünden hab / vnnd Gott gefällig seye pag. 19. a. II. Von den Päpstlichen Mißbreuchen bey dem H. Abendmal/ pag. 24. a. Warumb soll man die Päpstliche Meß abthun? pag. 24. b. Von vnderscheid der Päpstlichen Meß/ vnd des rechten Ampts in der Christlichen Kirchen/ pag. 25. a. III. Von der Busse/ in der Frage: Was straffen wir fürnämlich in der Päpstlichen Lehre / in disem Articul von der pœnitentia? pag. 27. a. IIII. Von anrūffung der gestorbnen Heiligen/ in der Frage: Ists auch recht / daß man die gestorbne Heiligen anrūffet? pag: 37. b. V. Von den Ceremonien / die von Menschen in der Kirchen erdacht sind / in der Frage: Ists auch recht daß die Menschen erdichtet haben vnderscheid der Speise/ bestimbte tage zufasten/ Ehe verbotten/ Müncherey auffgericht/ ɛc.? pag. 38. b. Item vnder dem Titul von Christlicher Freyheit / pag. 40. a. Von den dreien theilen im Gesatz Mose / pag. 41. b Vnd von dem Ehestand pag. 43. b. Auß disen angezeigten orten nun der Kirchenordnung/ hette den wider einreissenden/ oder bey ettlichen noch nit gar erloschenen Irthumben vnnd Mißbreuchen des Papstumbs/ eben so wol/ vnd vil bas/ dann mit den zweien Fragen der newen erklärung/ können begegnet werden.

A iij   Gleiche

Christlicher Bericht/von der Zwey-

Gleiche gestallt hat es auch mit den viertzig andern Fragen/welche diser zeit zwischen vns/vnd den Sacramentierern nicht streittig sind. Dann dieselbe mehrertheils im Catechismo lauter vnd clar gnug gesetzet sind/ wie solches/ da es für notwendig geachtet wurde / mit geringer müh köndte dargethon werden: Vnd da es je weitterer erklärung bedürffte/ dieselbe abermals in der Kirchenordnung vnd dem Examine der Ordinanden zufinden weren.

Es ist aber dises ein besonder geschwinder Griff diser Erklärungsschreiber/ dadurch sie sich ohne zweifel vnderstehn/ allgemach vnd vnuermerckt/ den vorigen Lutherischen Catechismum außzumustern. Darumb sie dann nicht nur die zehen Gebott/ sondern auch die vberige Hauptstuck des Catechismi/in dise jhre newe Erklärung gesetzet/damit/ da jnen die schantze geriete/ vnd die Leute jhrer Erclärung gewohnet wurden/ man des alten Catechismi zugleich vergesse. Beuorab/da sie jrem wunsch nach/ solche Prediger in das Fürstenthumb bekommen wurden / welche dise Erklärung vil fleissiger/ dann den Catechismum selbs/ bey jungen vnd alten üben vnd treiben wurden. Dann das ist einmal gewiß/ vnd vnwidersprechlich/ welche Prediger den Catechismum, wie er der Zweybruckischen Kirchenordnung einuerleibt / mit fleiß werden fortpflantzt/dieselbe werden dise Erklärung jnen nicht aufftringen lassen: welche aber mit der newen genannten Erklärung wol zufriden / die werden des vorigen Catechismi nit groß achten/sonder denselben gäntzlich außmustern vñ abschaffen helffen. Soll derwegen sich niemand damit betriegen lassen/ daß etlich vil der Fragen vnd Antworten in der newen Erklärung/ der warheit gemäß/oder ja ehnlich sind. Dann es ist den Schreibern/ wie gehört/ auch vmb dieselbe Stuck Christlicher Lehre nit zuthun/ sonder vmb die vberige/ in denen man

brückischen Erklärung des Catechismi.

nicht / wider andere Irrthumbe (wie die Vorrede beredet ist vnnd auch andere Leute zubereden sich vnderstehet/) streittet/ sondern vil mehr/ newe vnd verführische Lehre einführet/ vnd die bißher in dem Fürstenthumb Zweybrucken gehabte Christliche Kirchenordnung damit auffzuheben / auch wider des Fürsten außdruckliche Erklärung/sich vnderstehet. Muß also die warheit der Lugen / ein theil reiner Euangelischer Lehre/ villen Sacramentierischen Irrthumben vberhelffen/ vnd denselben / biß sie baß erstarcken / schatten geben. Demnach wir dann bißher dargethon / was von denen Fragen vnd Antworten/ die zwischen vns/vnnd den Sacramentierern nicht streittig / in diser Erklärung zuhalten / so wöllen wir nun weitter/ auch die streittige Fragen vnd Antworten für vns nemmen/ vnd vermittelst Göttlicher gnade beweisen/daß dieselbe zuforderst Gottes Wort entgegen/so dann bey der bißher gehabten Christlichen Kirchenordnung nicht bestehn mögen.

I. Von abtheilung der Zehen Gebotte.

IN der fünfften Frage vnd Antwort werden die zehen Gebotte/ in zwo Tafeln getheilet/ deren die erste in vier Gebotten lehret/ wie wir vns gegen Gott sollen halten: die andere in sechs Gebotten/ was wir gegen vnserm Nechsten zuthun schuldig sind. Vnd in der sechsten Frage werden die zehen Gebott/auß dem andern Buch Mose am 20. vnd auß dem fünfften Buch am fünfften also gesetzet/ daß der einfeltig Mann/ der in der Bibel nicht selbs nachsihet / anderst nicht gedencken kan/dann es stehn nicht allein die wort der zehen Gebott/ also in angezognen Capiteln/ sonder auch die abtheilung/ welches

Christlicher Bericht/ von der Zwey-
ches das ander/oder dritte Gebott sein soll. Nun bekennen wir
zwar für vnsere Personen / daß an solcher abtheilung so hoch
nicht gelegen / vnnd haltens darfür / daß ohne verletzung der
Gewissen / die eine oder andere könde gebraucht werden/ so
man allein die Gebott / an jnen selbst recht verstehet vnd außleget. Daß man aber ein solch notwendig werck darauß ma-
chen will / die zehen Gebott eben nach diser / oder der andern
abtheilung zusprechen/das sagen wir/ seie vnrecht/ vnd streit-
et wider die Christliche Freyheit. Dann ob wol war / daß der
Gebotte des HErrn zehen Exod. 34, 28. Deut. 4, 13. vnd 10,
41. deßgleichē auch/daß dieselbige in zwo steinern Tafeln zum
andernmal geschriben werden Exod. 24, 12, 34, 1, & 4, &
29. Deut. 4, 13. 5, 22. 9, 9: 10, 11, & 15. 10, 1, & 3. So ist doch
damit noch nicht notwendig erzwungen/daß in der ersten Tafel vier / vnd in andern nur sechse müssen gezelet werden/ wie
auch der heilig Augustinus selber/ beide abtheilungen/ohn ei-
niche superstition gebrauchet / vnd zwar die jenige/ die dem
Catechismo Lutheri einverleibt ist/öffter / dann die andere/
als Epistola 119. ad Ianuariū cap. 11. sagt er vnder anderm
In tribus primis præceptis Decalogi, quæ ad DEVM pertinent , cætera enim septem ad proximum pertinent.
Das ist/in den drey ersten Gebottē der zehen Gebotte/ welche
zu Gott gehören/ dan̄ die vberige siben gehören zu dem Nechsten. Contra Faustum Manichæum lib. 15. cap. 4. Ex de-
cem præceptis tria pertinent ad DEVM, septem ad proximum. Das ist: Auß den zehen Gebotten / gehören drey zu
Gott/ vnd siben zu dem Nechsten.

Eben solche abtheiluug gebraucht er auch lib. 2. quæ-
stionum in Exodum, & in Psal. 32. Darauß gnugsam offenbar / daß die abtheilung der ersten Tafel in drey/ vnnd der andern in siben Gebott/ kein Jrrthumb noch mißbrauch des
Papsthumbs

Papſthumbs iſt / den man mit ſolchem ernſt müſſe abſchafffen/ daß darunter weder junger noch alter/ weder Kirchendiener/ noch Zuhörer verſchonet werde. Aber es müſſen die Sacramentierer jmmer etwas beſonders haben/ damit ſie ſich nit allein vom Papſthumb/ ſondern auch von den Kirchen Augſpurgiſcher Confeſſion abſöndern/ vnd jre beſondere weißheit an tage geben. Gleichwol/ da es allein vmb diſe abtheilung der zehen Gebott zuthun were / vnnd dieſelbige nicht auß notzwang/ ſondern/ in krafft Chriſtlicher Freiheit/ alſo zugebrauchen begert wurde / daß doch damit die andere reformierte Euangeliſche Kirchen/ welche die andere abtheilung behalten/ dardurch nicht verachtet/ noch eines Päpſtiſchen Jrthumbs oder mißbrauchs bezüchtiget wurden/ ſolte es deſſen wegen einen ſchlechten weg haben/ wie dann vnſere Straßburgiſche Kirchen biß daher deßhalben von andern vnangefochten blieben.

II. Von dem zweiten Hauptarticul des Chriſtlichen Glaubens.

24. Frag. pag. 33.

Iſt dann Chriſtus warer Gott vnd Menſch in einer Perſon/ vnnd in zweien vnderſchidnen Naturen?

Ey diſer Frag würdt zwar recht geanttwortet/ daß Chriſtus warer Gott vnd Menſch ſeie in einer Perſon/ vnd in zweien vnderſchidnen Naturen/ der Göttlichen vnnd der menſchlichen. Dann ſolches bezeugen die clare vnleugbare Sprüche Ioh. 1, 14. Das wort ward Fleiſch. Rom. 9, 5.

Christlicher Bericht/ von der Zwey-

Auß den Vättern kompt her Christus nach dem Fleisch / der da ist Gott vber alles gelobet in ewigkeit / Amen. Daß aber des Menschen Sohn Allmächtig soll genennet werden/allein nach der Göttlichen Natur/welche die menschliche angenommen hat/das streittet stracks wider folgendes Zeugnus Joh. 5. 27. Der Vatter hat dem Sohn macht gegeben/ auch das Gericht zuhalten/ darumb / daß er des Menschen Sohn ist. Welches dann gnugsam zuuerstehn gibt / daß Christo die macht/das allgemein Gericht vber die Lebendige vnd die todten zuhalten/ nicht nach seiner Göttlichen / sonder menschlichen Natur/ nämlich darumb /, daß er des Menschen Sohn ist/gegeben worden: vnd demnach Christus nicht allein nach seiner Göttlichen Natur Allmächtig / ja die Allmacht selbs seie/ sonder auch nach der menschlichen/ vnd darumb/ daß er/ als des Menschen Sohn /,solche macht empfangen hat / Allmächtig kan vnd soll genennet werden. Deßgleichen/daß allein nach der Natur / die vom Himmel kommen/ der herrliche Spruch Joh. 3, 13. Niemandt fehret gehn Himmel/dann der vom Himmel ernider kommen ist /, nämlich des Menschen Sohn/ der im Himmel ist/ zuuerstehn seie: Ist den klaren vnd hellen worten des HERRN gantz zuwider / der da nicht saget/ Gottes Sohn / sonder des Menschen Sohn. Wie auch der H. Augustinus solches sehr schön außleget Tom. 10. Serm. 14. de verbis Apostoli, col. 322. Quis autem nostrûm, qui parum aduertimus, aut parum sapimus, non potiùs ita vellet distinguere: Filius DEI in cœlo,& filius hominis in terra? sed ne sic diuideremus, & ita diuidēdo duas personas induceremus, nemo ascendit in cœlum, inquit; nisi qui de cœlo descendit, filius hominis.. Filius ergo hominis descendit de cœlo? Nónne fillus hominis in terra factus est? Nónne filius hominis per Mariam factus est?

Sed

brückischen Erklärung des Catechismi. 9

Sed ô homo, noli, inquit, separare, quem volo copulare. Parum est, quia filius hominis descendit, Christus enim descendit, idemq; filius hominis, quia filius DEI est: sedet in coelo, qui ambulat in terra. In coelo erat, quia vbique Christus, idemq; Christus & filius DEI, & filius hominis. Propter vnitatem personæ, in terra filius DEI: propter eandem vnitatem personæ esse probauimus in coelo filium hominis. Das ist: Wer wolte aber nicht vil mehr vnder vns/die wir wenig mercken vnd verstehn / also vnderscheiden/ Gottes Sohn im Himmel / vnnd des Menschen Sohn auff Erden? Aber damit wir nicht also theileten/ vnd durch solche theilung zwo Personen einführeten / so spricht er: Niemand fehret gen Himmel / dann der von Himmel ernider kommen ist/ des Menschen Sohn. Ist dañ des Menschen Sohn vom Himmel kommen? Ist nicht des Menschen Sohn auff Erden geboren? Ist nicht des Menschen Sohn auß Maria geboren? Aber O Mensch/ will er sagen/ du solt den nicht trennen / den ich will vereinigen. Es ist ein geringes/ daß des Menschen Sohn ernider kommen ist/ dann Christus ist ernider kommen / vnd ist eben der des Menschen Sohn/ der Gottes Sohn ist/ eben der sitzet im Himmel/ der auff Erden wandelt. Er war im Himmel/ dann Christus ist allenthalben/ vnd eben derselbe Christus ist zugleich Gottes Sohn/ vnnd des Menschen Sohn. Von wegen der persönlichen einigkeit ist Gottes Sohn auff Erden / vnd eben derselben persönlichen einigkeit wegen/ haben wir erwisen/ daß des Menschen Sohn im Himmel sei/ auß disen worten des HERrn/ da er spricht/ des Menschen Sohn/ der im Himmel ist. Ex his verbis Domini, filius hominis, inquit, qui est in coelis.

B ij 25. Frag.

Chriſtlicher Bericht/ von der Zwey-

25. Frag. pag. 35.
Wo iſt der HERR Chriſtus nun mit ſeinem heiligen Leib/ oder nach ſeiner menſchlichen Natur?

In dem Himmel zur Rechten Gottes / von dannen er kommen würdt zu richten die Lebendige vnd die Todten.

Diſe Antwort were nit vnrecht/wann die rechte Hand Gottes/zu deren Chriſtus im Himmel ſitzet nach ſeiner menſchlichen Natur/ recht verſtanden vnd außgelegt wurde. Weil aber ſolches nicht geſchihet/ſonder durch die Rechte Gottes im Himmel ein gewiſſer raum / ort / oder platz verſtanden würdt/da Chriſti menſchheit nach ſeiner Himmelfart vnd ſonſt nirgend ſeie/ ſo kan diſe Antwort nicht gebilliches werden/ wie auß der folgenden 28. Frage vnd Antwort widerlegung zu ſehen ſein würde.

26. Frag. pag. ead.
Werden dann die zwo Naturen in Chriſto nicht getrennet/wann die Menſchheit Chriſti nicht allenthalben iſt/ da die Gottheit iſt?

Hierauff ſagt zwar die antwort Nein / vnnd vnderſteht ſich ſolchs damit zubeweiſen / weil ein anders ſeie/ die beide Naturen vnderſcheiden / ein anders aber dieſelbe trennen. Aber wann man weiter liſet/ vnd höret / ſo befindet es ſich klar / daß ſie die Naturen nicht allein vnderſcheiden/ ſonder auch trennen/vnd alſo jnen ſelbs vnrecht geben. Zwar daß die Naturen/ jren eigenſchafften nach/alſo zu vnderſcheiden ſeien / daß die vnendtliche Gottheit allenthalben/ die menſchheit aber / nach ihrer Natur eigenſchafft allein an einem ort ſeie / geſtehn wir gern. Wann man aber weiter die vereinigung der beiden Naturen betrachtet / ſo befindet ſich

alsdann

brückischen Erklärung des Catechismi.

alsdann/wer die Naturen trenne oder nicht. Dann so die Menschheit allein im Himmel bey der Gottheit ist/ so muß sahunwidersprechlich folgen/daß sonst allenthalben ausserhalb des Himmels / dise zwo Naturen nicht nur vnderscheiden/ sonder auch getrennet seien / weil die Göttliche an allen andern orten ausserhalb des Himmels/ohn die menschliche Natur sein müste: vnd hinwider/die menschliche allein an einem ort/nämlich im Himmel / der Göttlichen vereiniget / vnnd sonst an allen andern von derselben getrennet were. Vnd blieben also dise zwo Naturen allein im Himmel vngetrennet/ sonsten aber allenthalben zertrennet. Nun aber kan der Christliche Glaub dises nicht leiden / daß die beiden Naturen in Christo/ an einem ort vnzertrennet/ am andern aber getrennet seien.

28. Frag. pag. 37.

Was würdt durch das sitzen des HERrn Christi zu der Rechten Gottes des Vatters angezeiget?

IN der Antwort auff dise Frag/ würdt erstlich die erhöhung vnd Herrligkeit Christi / mit seinem Ampt vnd Regierung vermischet/ vnd vnder einander gemenget. Dann die Schrifft redet von beiden solchen sachen vnderschidlich/ Also/ daß die Erhöhung vnd Herrligkeit Christi/ allein von seiner menschlichen Natur/ das Ampt aber vnnd die Regierung / von der gantzen Person soll verstanden werden/ wie dann die am rand verzeichnete Sprüche selbs mitbringen. Dan Psal. 8, 5. würdt von des Menschen Sohns/ vnd nicht von Gottes Sohns Ehre vnd Schmuck gehandlet. Hebr. 2, 17. würdt des Samen Abrahams gedacht. Luc. 24, 26. würdt zwar Christus genennet: Dieweil aber vor der Herrligkeit/ das Leiden gesetzet würdt: Muste nicht

B iij Christus

Christlicher Bericht / von der Zwey-

Christus solches leiden / vnd also in sein Herrligkeit eingehn/ würdt durch das Leiden gnugsam erkläret / nach welcher Natur er in seine Herrligkeit eingangen / nämlich nach deren/ in welcher er gelitten hat. Joh. 7,26. Würdt von solcher Erhöhung nichts geredet.. Phil. 2,8. Kan abermal die Erhöhung anderst nicht / dann von der Natur verstanden werden / die sich zuuor enteussert / vnd Gott gehorsam worden/ biß in den Tod. Deßgleichen Psal. 110,1. vnnd 1. Cor. 15,24. Würde von Christo geredet nach der Natur / in welcher er hat sollen leiden / vnnd von den Todten aufferstanden ist. Wie auch Eph. 1,17. Gott hat Christum von Todten aufferweckt/vnd gesetzet zu seiner Rechten im Himmel. So wenig nun Christus nach seiner Göttliche Natur gelitten hat/vnd vom Tode aufferwecket ist / so wenig ist sein Erhöhung auch von derselbigen Natur zuuerstehn. Von dem Ampt aber vnnd Regierung Christi/als vnsers Mittlers vnd Heilands/ist zwar nicht ohn/daß er dasselbe verrichte nach beiden Naturen. Es ist aber darbey auch zubedencken/ daß die menschliche Natur solches nit nur verrichtet/ nach jrer eigeschafft/sondern auch nach der Herrligkeit/die sie empfangen hat. Dann des Menschen Sohn (vnd nicht nur Gottes Sohn) hat macht die Sünde zuuergeben/ Matth. 9,6. vnnd das allgemeine Gericht zuhalten Ioh. 5,27. Des Menschen Sohn sitzet zur Rechte der Krafft Gottes. Matth. 26,64. Vnd würdt kommen in seines Vatters Herrligkeit/ Matth. 16,27.

Fürs ander/würdt in diser Antwort listiglich gesetzet/daß die menschliche Natur nicht die rechte Hand Gottes seie/sonder bleib ware menschheit / die Leute damit zubereden / als ob wir sollen glauben vnd lehren/ die menschliche Natur Christi seie durch die Erhöhung / die rechte Hand Gottes selbs worden/vnnd bleibe nicht ware Menschheit / daran vns aber

vnrecht

brückischen erklärung des Catechismi.

vnrecht geschicht / vnnd falsches zeugnus wider vns gegeben würdt. Dann es muß die menschliche Natur nicht darumb die rechte Hand Gottes selb werden/weil sie zur Rechtē Gottes sitzet / muß auch darumb nicht auffhören ware Menschheit zuseyn: ja vil mehr/wann die menschliche Natur die rechte Hand Gottes selb worden were / köndte sie zur Rechten Gottes nicht sitzen / vnd wann sie nicht ware Menschheit bliebe / könnte abermal von jhr nicht gesagt werden / daß sie zur Rechten Gottes sitze.

29 Frag. pag. 38.

Soll der HErr Christus nach seiner menschlichen Natur nicht Allmächtig/ oder allenthalben sein/er sagt doch: Es sey jhm aller gewalt gegeben im Himmel vnd auff Erden (versteh nach seiner Menschheit/) dann nach der Gottheit hat er allen gewalt vorhin vnnd von Ewigkeit?

Dise vnsere einrede laßt sich nicht so liederlich vmbstossen / als die Erklärungsschreiber jnen mögē traumen lassen. Dann daß sie dargegen fürbringen / es sey allein ein Allmächtige Natur / nämlich Gott der Allmächtig / ist solches wol war / wann man von den eigenschafften der Naturen an jhnen selbs redet/vnd ist von vnserm theil nie geschriben worden / daß die Allmacht / ein natürliche eigenschafft worden seie der Menschheit Christi. Ein anders aber ist es/wann man dauon redet / was Christo vnserm Heiland/ nach seiner Menschheit/in krafft der vereinigung beeder Naturen/mitgetheilet vnd gegeben seie. Da dann nicht ein newe Allmacht entstehet / die von der Allmacht der Göttlichen Natur vnderscheiden were / sonder wie der HERr Ioan. 17; 5. lehret/so ist es eben die klarheit/ die der Sohn Gottes bey dem Vatter hatte/ eh die Welt war. Vnd zuuor Ioh. 1,14. Wir sehen

Christlicher Bericht/ von der Zwey-

sahen seine Herrligkeit / eine Herrligkeit / als des eingebornen Sohns vom Vatter / voller gnad vnd warheit. So wůrde nun durch solche Mittheilung der Allmacht/ kein newe Allmächtige Natur/ deren wesentliche eigenschafft die Allmacht worden were/ sondern was die Menschen auß vnd von jr selbs nicht hat/ nach jren wesentlichen eigenschafften / das würde jr auß gnaden/ in krafft der Persöhnlichen vereinigung/ mitgetheilet.

Daß sie dann weitter anziehen: Christus spreche nicht/ meiner menschheit/ sondern/ mir Gott vnd Menschen ist gegeben aller gewalt / nämlich des Mittlers vnnd Heilands/ kompt solche erklärung gar nicht vberein mit den hievor angezognen zeugnussen/ Ioh. 5, 27. Matth. 9, 1. vnd dergleichen/ welche hell vnd klar von des Menschen Sohn reden / vnd das mit vns auch die anleitung geben/daß auch alle andere Sprüche/in welchen gesagt würdt/was Christo gegeben seie/gleichsfals von des Menschen Sohn/oder Christi warer menschheit zuuerstehn seien. Wie dann auch die alte Kirchenlehrer mit einhelligem consensu dise Regul setzen. Leo magnus Epistola. 18. ad Palæstinos. Quicquid in tempore accepit Christus, secundum hominem accepit, cui quæ non habuit, conferuntur. Nam secundum potentiam Deitatis, indifferenter omnia quæ habet pater, & filius habet. Et quæ in forma serui à Patre accepit, eadem in forma DEI etiam ipse donauit. Das ist: Was Christus in der zeit entpfangen / das hat er nach dem Menschen (das ist/nach seiner menschlichen Natur) empfangen/dem gegeben würde/ was er zuuor nicht gehabt. Nach der macht der Gottheit / hat der Sohn ohne vnderscheid alles/ was der Vatter hat. Vnd was er in der Knechtsgestallt vom Vatter empfangen hat / das hat er auch selbs in Gottes gestalt geschenckt. Et Epistola 22.

Dicant

brückischen Erklärung des Catechismi.

Dicant aduersarij veritatis, quomodo omnipoteus Pater, vel secundum quam naturam, Filium suum super vniuersa prouexerit, vel cui naturæ cuncta subiecerit? Deitas enim verbi par in omnibus, & ὁμοούσιϙ est Patri, atq; intemporaliter vna eademq; potentia est genitoris & geniti. Creator quippe omnium naturarum, quoniam per ipsum facta sunt omnia, & sine ipso factum est nihil, supereft omnibus quæ creauit. Nec vnquam creatori suo non fuerunt subiecta, quæ condidit, cui proprium ac sempiternum est, nec aliunde quàm de Patre, nec aliud esse, quàm Pater est. Huic si addita potestas est, si illustrata dignitas, si exaltata sublimitas: minor erit prouehēte, qui creuit: nec habebat diuitias eius naturæ, cuius indiguit largitate. Sed talia sentiētem in societatē suam Arius rapit, cuius peruersitati, multū hæc suffragatur impietas.

Das ist: So laß nun die Widersacher der warheit sagen/wie/ oder nach welcher Natur der Allmächtige Vatter/ seinen Sohn vber alles erhöhet/oder welcher Natur Er alles vnderworffen habe? Dann die Gottheit des Worts ist in allem gleich/ vnd eines wesens mit dem Vatter/ vnd ist ohne vnderscheid der zeit (oder von ewigkeit her) ein einiger gewalt des Vatters vnd des Sohns. Dann der Erschaffer aller Naturen/ weil durch ihn alles gemacht ist/ vnnd ohn ihn nichts gemacht ist/ so ist Er auch vber alles/daß Er erschaffen hat/vnd sind dem Schöpffer zu jeder zeit alle ding vnderworffen gewesen/ die Er erschaffen hat/welches ewige eigēschafft ist/daß Er nicht anderstwo her/ dañ vom Vatter/ vnd nichts anders seie/ dann der Vatter. Solte jhm aber mehr gewalt gegeben/ oder seine Würde heller gemacht/oder seine höhe erhabē worden sein: so muste Er/ als der zugenoñen/ geringer sein/dann der jhn erhöhet/ vnd wurde nicht die Reichthumb gehabt haben

Christlicher Bericht/ von der Zwey-
berderen Natur/ deren freygebigkeit er bedürffte. Aber wer
dises glaubet/ den reisset Arius in sein gesellschafft/ welches
boßheit dann/ durch dise Gottlose meinung sehr gestärcket
würdt. Vnnd mit disem zeugnus Leonis/ wöllen wir auch
darauff geantwortet haben/ daß hie fürgegeben würdt/ Christo seie auch/ nach seiner Gottheit/ aller gewalt des Mittlers
vnnd Heilands gegeben. Da dann boßhafftig verschwigen
würdt/ was sie durch allen gewalt verstehn/ nämlich nicht die
Allmacht Gottes/ sonder allein souil macht vnd beuelch/ als
zum Mittlerampt gehöret: Gleich als ob solch Mitlerampt/
ohne Göttlichen gewalt vnd Allmacht köndte verrichtet wer-
den/ da sie doch zuuor selbs in der 27. Antwort bekennet/ Christus habe müssen warer Gott sein/ damit durch jhne der stren-
ge zorn Gottes gestillet wurde/ vnd er wider köndte auffer-
stehn/ alle Feind vberwunden/ vnnd vns die seligkeit volkom-
menlich erwerben. Hat nun Christus vnser Heiland/ von wegen seines Mitler vnd Erlöserampts/ auch Königreichs vnd
Hohempriesterthumbs müssen warer Gott sein/ so muß der-
beides eines folgen/ daß eintweder seine Göttliche/ wesentliche Allmacht hiezu nicht gnugsam gewesen/ vnd noch eines
andern gewalts/ der jhme nach beiden Naturen gegeben seie/
darzu bedörfft habe: Oder aber/ so er darzu keines andern ge-
walts bedörfft/ daß jme nach seiner Gottheit zu solchem Mitler vnnd Heilandsampt nichts gegeben seie.

35 Frag. pag. 41.

Erlangstu auch durch solchen Glauben zugleich gemeinschafft
mit Christo selbs/ vnd allen seinen
Gütern?

Jewol die Antwort auff dise Frag sich ansehen last/
als ob darinnen nichts zustraffen/ weil mit Ja geantwortet würdt/ so ist doch dahinder ein besonder
Sacra-

brückischen Erklärung des Catechismi. 17

Sacramentierischer Fallstrick verborgen. Dann hierauß schliessen vnd folgeren sie also: Was wir durch den Glauben gemeinschafft mit Christo selbs erlangen / so würdt auch in den Sacramenten / kein andere gemeinschafft mit Christo sein / daß allein durch den Glauben. Aber solches folget nicht / vnd steht jnen noch zubeweisen die ratio consequentiæ / wie man in der Schul redet / das ist / die vrsach / wie vnd warumb solches folge. Dann wann solches also war were / so müßten die Sacramenta von Christo vnserm HERRN vergebens vnnd vmb sonst eingesetzet sein / weil wir eben so wol ohn die Sacramenta / als mit / oder durch die Sacramenta die gemeinschaffe mit Christo selbs erlangen möchten. Aber hieuon in folgenden Articuln weitter. Wir haben hie den vnderscheid des Glaubens vnd der Sacramenten wol zumercken / daß ob wir wol durch beide die gemeinschafft mit Christo selbst / vnd allen seinen gütern erlangen / so ist doch ein anders / der Glaube / der da kompt auß dem gehöre des gepredigten worts: Ein anders die Sacramanta / die solchen Glauben vnnd gemeinschafft mit Christo selbs stärcken.

III. Von den heiligen Sacramenten.

45 Frag. pag. 47.
Was sind die H. Sacrament?

46 Frag. pag. 48.
Wieuil ding sind in einem jeden Sacrament?

Die Sacramenta werden zwar recht genennet zeichen / oder vil mehr Sigel der gnaden / wie S. Paulus Rom. 4, 11. die Beschneidung nennet ein Sigel der Gerechtigkeit des Glaubens.

C ij   Es

Christlicher Bericht / von der Zwey-

Es ist auch recht geredet / daß in einem jeden Sacrament zwey ding seien / das jrrdische / vnd das Himlische / wie die heilige alte Lehrer / Irenæus vnnd Augustinus / neben vilen andern bezeugen. Aber dises ist in der beschreibung der Sacramenten nicht zudulden / daß allein das eine Stuck des Sacraments / nämlich die eusserliche handlung / oder der gebrauch der sichtbaren Elementen / das Zeichen vnd Sigel der gnaden genennet würdt. Dann die eusserliche Elementa / als Brot vnnd Wein im H. Abendmal / Wasser im H. Tauff / sind vil zu gering / vnsern schwachen Glauben zu stercken / vnd vns der vergebung aller vnserer Sünde / rc. zuuergwissen. Vnd da es je Brot vnnd Wein / deßgleichen auch Wasser / allein mit der erinnerung im eusserlichen gebrauch köndten außrichten / so bedörffte es keiner sondern stifftung oder Sacraments / sondern so offt wir vns mit Wasser abwuschen / Brot essen vnd Wein trincken / köndten wir vns dessen alles eben so wol / als in den Sacramenten erinnern. Darauß auch weitter offenbar / daß das andere Stuck eines jeden Sacraments / in der 46 Antwort nicht recht erkläret würde / daß es seie die gemeinschafft Christi / mit allem seinem verdienst / krafft vnd wolthaten / als das bezeichnete / oder die verheissung des Euangelij / das ist / Jesus Christus / vnd desselbigen lebendige gemeinschafft. Dann wie kan die Himlische Gab / in allen Sacramenten eigentlich sein die lebendige gemeinschafft mit Christo / da doch in der 36. wie auch der 44. Antwort / pag. 42. vnd 47 bekennet würdt / daß die ware gemeinschafft mit Christo / durch den rechten gebrauch der heiligen Sacrament gestercket werde? Ein anders ja muß sein das / welches da stercket / vnnd ein anders / dardurch es gestercket würdt. Sonsten wurde der Glaub / oder auch die Sacramenta, sich selbst stercken müssen. Darumb muß die Himlische Gab in

den

brückischen erklärung des Catechismi. 16

den Sacramenten vil anderst erkläret werden/ wie dann der
H. Irenæus vom H. Abendmal thut lib. 4. cap. 34. Qui
est à terra panis percipiens vocationem DEI, iam non
communis panis est, sed Eucharistia ex duabus rebus
constans, terrena & cœlesti, &c. Das ist: Das Brot/das
auß der Erden ist/ wann es Gottes beruff vernimmet/ so ist es
nicht mehr gemein Brot / sondern Eucharistia / das heilig
Abendmal / welches zweierley dinge begreifft / ein jrdisches/
und ein Himlisches. Et alibi: Quomodo constabit eis, eum
panem, in quo gratiæ actæ sunt, corpus esse DOMINI
sui, & calicem, sanguinem eius? Das ist: Wie wöllen sie
wissen / daß das Brot/ darüber die Dancksagung geschehen/
ires HERRN Leib sey/ und der Kelch sein Blut? Hierauß
ist offenbar / daß das Himlische in dem H. Abendmal nicht
seie die verheissung des Euangelij, oder gemeinschafft mit
Christo durch den Glauben / sonder der Leib und Blut des
HERRN. selber. Vnd ist diß der Hauptirrthumm in der Lehre von den Sacramenten / daß die dinge / so zu einem Sacrament gehören / nicht recht erzelet unnd underscheiden werden. Dann wann solches geschehe / so wurde sich bald auch
finden / was in folgenden zweien Stucken von der uberreich-
ung und niessung der zweierley ding in den Sacramenten ge-
stritten würde.

47. Frag. pag. 49.

Wer gibt und handlet in den Sacramenten das eusserliche/ und
wer gibt unnd wirckt das Himlische?

48. Frag. pag. ead.

Womit empfahet der Mensch das jrdische/ unnd womit
empfahet er das Himlisch?

IN disen beiden Fragen werden die zweierley ding/ welche
zu einem Sacrament gehören / der massen von einander
gerissen/

Christlicher Bericht/ von der Zwey-
gerissen/ daß nirgend kein Sacrament bleibet. Dann wann
der Kirchendiener allein das eusserliche handlet vnnd gibt/ so
ist es ja kein Sacrament: Wann auch Gott selber das Hiñlische allein gibt/ vnd verricht / so ist es abermal kein Sacrament / sintemal ein jedes Sacrament die beide Stuck beisamen haben muß/ das jrdische vnnd das Hiñlische. Deßglei-
chen/ wann allein die eusserliche Zeichen mit den eusserlichen
Glidmassen des Leibs empfangen werden / so ist solche eusserliche handlung kein Sacrament. Wann auch das Hiñlische
eigentlich nicht mit dem Leib/ sonder allein durch den Glauben empfangen würdt/ kan es abermal kein Sacrament sein/
weil das leibliche oder eusserliche Element nicht darbey ist.
Darumb ist auff dise zwo Fragen vil anderst / vnnd nämlich
also zuantworten / daß der Kirchendiener nicht nur handle
vnd gebe das eusserliche/ sonder daß der HERR zugleich
durch jn auch gebe vnd verrichte das Hiñlische. Wie er auß-
druckenlich sagt in den worten der einsatzung des H. Abentmals: Solches thut zu meiner gedächtnus. Vnnd S. Pau-
l. Cor. 11, 23. Ich hab es von dem HERrn empfangen/ das
ich euch gegebē hab. Da weder Christus vnser Heiland selbs/
noch S. Paulus solchen vnderscheid machen/ zwischen dem
Kirchendiener/ vnd dem HERRN selbs/ sonder der HERr
heisset vns eben das thun/ das Er gethon hat. Vñ S. Paulus
erkläret sich/ daß er den Corinthiern eben das gegeben/ das er
vom HERRN empfangen hat. Vnd will also der HERR
das Hiñlische geben vnd verrichten/ nicht ohn das jrdische/
dann sonst were das jrdische vmb sonst vnd vergebens einge-
setzet/ sonder mit vnd durch das jrdische. Darumb dann auch
nicht die jnnerliche würckung allein des HERRN/ sonder
der gantze Tauff / vnd also auch die eusserliche handlung des
Kirchendieners/ der Bund genennet würdt eines guten Gewissen

brückischen Erklärung des Catechismi.

wissen mit Gott / vnd jm die krafft zugeschriben / daß Er selig mache / 1. Pet. 3, 20 & 21. Deßgleichen sagt auch S. Paulus nicht von der innerlichen oder abgesönderten würckung / sonder von dem gantzen H. Abendmal / vnnd sonderlich von der eusserlichen handlung der außspendung der leiblichen Elementen. Der Kelch den wir segnen / ist der nicht die gemeinschafft des Bluts Christi? Vnd das Brot / das wir brechen / ist das nicht die gemeinschafft des Leibs Christi? 1. Cor. 10, 16. Deßgleichen ist auch zuantworten eben auß disem grund / vnd disen zeugnussen / daß nicht allein die eusserliche Zeichen / sondern auch die Himlische Gabe / welche durch die stifftung des HERrn / mit den eusserlichen Zeichen Sacramentlich verbunden sind / mit den eusserlichen Glidmassen des Leibs empfangen werden / wie hernach bey jedes Sacraments Erklärung quæst. 55. 56. 57. deßgleichen. 63. 64. 65. weiter zusehen sein würdt.

Daß aber die Erklärungsschreiber / ihre zerreissung der Sacramenten damit zubeschönen vermeinten / weil geschriben stehet: Der HERR dein Gott würdt dein Hertz beschneiden / ist ein fürsetzlicher betrug / darumb sie auch das Buch vnd Capittel / darinn solcher Spruch zufinden / nicht hinzu gesetzt. Es steht aber geschriben Deut. 30, 6. Der HERR dein Gott würdt dein Hertz beschneiden / vnnd das Hertz deines Samens / daß du den HERRN deinen Gott liebest von gantzem Hertzen / vnnd von gantzer Seelen / auff daß du leben mögest. Welche wort von dem Sacrament der Beschneidung im alten Testament nicht köndten noch sollen verstanden werden / weil Moses daselbst nicht mit vnbeschnittenen Heiden / sonder mit zuvor beschnittenen Juden handlet vnnd redet / deßgleichen ist auch falsch / vnd Gottes klarem wort zu wider / daß in diser letztern Antwort folget / daß die verheissung

Christlicher Bericht/von der Zwey-
sung des Euangelij/ oder die gemeinschafft Christi nicht an-
derst/ dann durch Glauben kan ergriffen werden. Dann
ist dises war/ warumb haben sie dann droben selbs bekennet/
daß der Glaub von vergebung der Sünden/ vnd die ware gemeinschafft mit Christo/durch den gebrauch der heiligen Sacramenten gestercket werde? Kan die gemeinschafft Christi
nicht anderst dann durch den Glauben ergriffen werden/ wie
köndten dann die Sacramenta den Glauben stercken? So saget ja S. Paulus nit nur vom Glauben/sonder vom Brot/
das wir brechen/ vnnd den Kelch/den wir segnen/ daß dieselbe
die gemeinschafft seien des Leibs vnnd Bluts des HERrn.
Dieweil dann dises nicht gewiß/ sonder vngewiß vnd falsch
ist/ daß die gemeinschafft Christi/ nicht anderst dann durch
den Glauben köndte ergriffen werden/ so ist auch dises vngewiß vnd falsch/ daß dise Schreiber hierauß schliessen/ näm-
lich/daß die vnglaubige vnd Heuchler die Himlische Gab in
den Sacramenten nicht empfahen. Zwar wann dises eigentlich zureden die Himlische Gabe in Sacramenten were/ die
gemeinschafft mit Christo/vnd allen seinen gutthaten/köndte
solches etlicher massen geduldet werden/ wiewol es noch nicht
zum eigentlichsten/ nach art heiliger Schrifft geredet were.
Aber weil die Himlische Gab nicht das ist/ das da gestercket
würde/ sonder das da sterckt/ so kan es wol sein/ daß auch vn-
gläubige vnnd Heuchler solche sterckende Artzney empfahen
vnd einnemmen/ ob sie wol dardurch nicht gestercket werden/
wie der heilige Chrysostomus solche gleichnus insonderheit
brauchet. Also hat Simon der Zauberer den waren Tauff
empfangen/ dann er ward gläubig/ vnnd lies sich tauffen.
Act. 8,13. Also wurden die Corinther/ die vnwürdig von dem
Brot des H. Abendmals assen/ das die gemeinschafft ist des
Leibs Christi/vnd von dem Kelch des HERREN trancken/
schuldig

brückischen Erklärung des Catechismi.

schuldig an dem Leib vnd Blut des HERRN. 1. Cor. 11, 27. Vnd ist sich solches desto weniger zuuerwundern/ weil auch die Predig Göttliches worts/ ein guter geruch Christi ist/ beides vnder denen die selig werden/ vñ vnder denen / die verloren werden: disen ein geruch des Todts zum Tode/ jenen aber ein geruch des Lebens zum Leben. 2. Cor. 2, 15, & 16.

49. Frag. pag. 50.
Was ist die weiß vnd art zureden in den heiligen Sacramenten?

Die weiß vnd art zureden in den heiligen Sacramenten/ nach gewonheit der heiligen Schrifft/ ist dise/ daß die Zeichen vnnd das bezeichnete / wie es dise Leute nennen / oder das jrdische vnnd Himlische / nicht so weit als Himmel vnnd Erden von einander getrennet vnd abgesöndert/ sonder dermassen Sacramentlich vereinbaret seien/ daß das leibliche oder sichtbare/ nicht nur ein bezeichnung / auch nicht ein versiglung vnd bekräfftigung allein des geistlichen/ sonder desselben gemeinschafft vnd vbergebung / vnnd alsdann/ die beide Stuck des Sacraments zusamen / vnd keines ohne das ander/ die gnadenreiche zusagung von vergebung der Sünden versiglen vnd bekrässtigen. Gleichwol gestehe man disen Leuten hiebey gern / daß die Zeichen in den Himlischen Schatz nicht verwandlet werden / wie die Papisten von der Transsubstantiation gedichtet. Daß aber der Schatz der Sacramenten nicht sollte wesentlich/ in / oder vnder den Zeichen/ das ist/ den leiblichen Elementen sein/ vnnd mit denselben/ beides vbergeben / vnnd auch genossen werden/ das ist beides Gottes wort / vnd der Zweybrückischen Kirchenordnung stracks entgegen die zeugnus H. Schrifft. 1. Cor. 10, 16. Vnnd andere gleichlautende haben wir allbereit gehöret.

D Die

Die Zweybrückische Kirchenordnung aber redet hievon alſo / Fol. 97. a. Durch die Zwinglische iſt das Nachtmal dahin gedeutet / als ob darinn der warhafftig Leib / vnnd das warhafftig Blut Chriſti nicht gegenwertiglich / weſentlich außgetheilet werde. Hie rahte nun zu / Rähter gut / Ob man in die Zweybrückiſche Kirchen / Zwingliſche Irrthumb einzuführen / vnd die bißher im Fürſtenthumb gehabte Chriſtliche Kirchenordnung auffzuheben gemeinet ſeie / oder nicht? Die Kirchenordnung ſagt mit hellen klaren worten / die Zwingliſche ſeien es / die das Nachtmal dahin deuten / als ob darinn der warhafftige Leib / vnd das warhafftige Blut Chriſti nicht gegenwertiglich weſentlich außgetheilet werden. Die Erklärungsſchreiber ſind eben der meinung / daß der Himliſche Schatz der Sacramenten nicht weſentlich in / oder vnder den Zeichen ſeie / noch dannoch können ſie ihren Fürſten bereden / ſie ſeien nit Zwingliſch. Daß aber in der letſten Antwort noch weiter hinzugeſetzet würdt: Oder daß die Zeichen ein ſonderliche würckung vnd krafft bekommen / wiſſen die Schreiber ſelbs wol / daß wir den Zeichen oder eusserlichen Elementen kein andere würckung noch krafft zuſchreiben / dann welche ſie durch die Himliſche Güter / deren gemeinſchafft ſie werden / vberkommen. Dieweil aber zu diſer Frag Erklärung pag. 51. auch ettliche Exempla geſetzt werden / ſind dieſelbe auch betrachtens werdt. Erſtlich würdt geſagt / die Beſchneidung werde genennet der Bund / vnnd erklärt / daß die Beſchneidung ein Zeichen / vnnd ein Sigel ſeie des Bundes / vnnd werden hiezu angezogen am rand die Sprüche Gen. 17, 10. & 11. Rom. 4, 11.

Hierauff iſt die Antwort / daß eben auß diſen Sprüchen offenbar / daß es nicht einerley reden ſeien / wann die Beſchneidung der Bund / vnnd das Sigel oder Zeichen des Bundes

brückischen Erklärung des Catechismi. 15

Bundes genennet würde. Dann der Bund würde die Beschneidung genennt / wann von der gantzen Beschneidung geredet würde / die als ein Sacrament zweierley ding hat / ein irdisches vnnd ein Himlisches: ein Zeichen aber des Bundes / wann man redet / von dem irdischen / leiblichen theil allein / das ist / von der eusserlichen handlung der Beschneidung. Zum andern geben sie für / das Osterlämblin werde genennet der vberschrit / vnd werde doch erkläret / daß das Lamb ein Zeichen vnnd gedächtnus seie des vberschrits. Exod. 12. 12, 13, & 14. Vnd ist disses ein sondere offenbarung des Geistes / welche Zwinglio im traum fürkommen / vnnd were villeicht auff solche Offenbarung etwas zugeben / wann nicht Zwinglius selbs daran gezweiffelt hette: Ater an albus fuerit: Ob solcher Geist schwartz oder weiß gewesen. Wiewol wann wir jhn nach Gottes Wort vrtheilen vnnd richten wöllen / so würde es sich bald befinden / daß es der schwartze / vnnd nicht der weisse oder gute Geist gewesen seie. Dann er gibt für / Exod. 12. werde das Osterlämblin der vberschrit genennet / so doch solches in Mose nirgend zu finden. Dann im eilfften vers desselben Capitels / würde nicht von dem Osterlämblin / sonder dem werck Gottes / das er die folgende nacht an den Aegyptern vnd Israeliten hat bewisen / gesagt: Dann es ist des HERRN pasah oder vberschrit. Wauon auch solche wort zuuerstehn / gibt gleich der nachfolgende zwölffte Vers zuuerstehn / den dise Leute außlassen in jhrer citation / vnd also lauttet: Dann ich will in derselben nacht durch das Aegyptenland gehn / vnd alle Erstgeburt schlagen in Aegyptenland / beide vnder Menschen vnnd Viehe / vnnd will meine straff beweisen an allen Göttern der Aegypter / Ich der HERR. So ist nun dises des HErrn pasah oder vbergang / nicht das Osterlamb / wie der schwartz

D ij Geist

Geist Zvvinglio geoffenbaret / sonder daß der HERR dieselbe Nacht durch Aegyptenland gegangen / vnnd für den Jsraelitern vbergangen ist. Also würdt in dem dreizehenden Vers desselben Capitels / nicht das Lamb / sonder das Blut / ein Zeichen der Kinder Jsrael Heuser / vnnd im vierzehenden / abermals nicht das Lamb / sonder derselbe tag ein gedechtnus genennet.

Zum dritten sagen sie / die Tauff werde die Seligkeit genennet 1. Pet. 3, 21. vnnd werd erkläret / wer da glaubt vnnd getaufft / würdt selig. Nun wirdt 1. Pet. 3, 21. nicht gesagt / daß die Tauff die Seligkeit selbs seie / sonder daß sie selig mache. Schliessen derwegen dise Leute hierauß nichts. Vnnd wann es schon also were / daß die Tauffe die Seligkeit selbs genennet wurde / so würde sie doch an keinem andern ort / nur ein Zeichen oder gedächtnus der Seligkeit genennet / wie dise Leute vns gern bereden wöllen / aber ohne Schrifft vnnd Gottes Wort.

Nun muß auch zum vierdten herhalten das heilig Abendmal: vnnd soll / wann das Brot der Leib Christi genennet würdt / Luc. 23, 14. also erkläret sein / daß es sey die gedächtnus des HERRN Christi. Luc. 23, 14. würdt nichts hievon gehandlet / aber Luc. 22, 19. wie auch bey den andern Euangelisten vnnd S. Paulo werden die wort des Beuelchs Christi gesetzet: Solches thut zu meiner gedächtnus. Daß aber das Brot der Leib Christi genennet werde / allein vmb der gedächtnus willen des HERRN Christi / das steht nirgend in der heiligen Schrifft: Solches thun / das ist / das gesegnete Brot / welches die gemeinschafft des Leibs Christi ist / sollen wir essen / vnnd von dem Kelch / der die gemeinschafft ist des Bluts Christi / sollen wir trincken / zu seiner gedächtnus / das ist / wie es S. Paulus außleget (auff

welches

brückischen Erklärung des Catechismi.

welchs Glossa etwas mehr zuhalten / dann diser Leute) den Tod des HERRN bey solchem essen vnnd trincken seines Leibs vnd Bluts verkündigen/ biß daß er kompt. 1. Cor. 11, 26.

Auff dise vier Exemplá der Sacramenten / beide im alten vnnd im newen Testament / folget noch etwas besonders/ vnd lautet also: Daher zu sehen/ daß die Sacrament nicht leere Zeichen sind/ sonder solche Zeichen/ mit welchen Gott auch zugleich die Himmlische Gab / nämlich Christum vbergibt/ also daß die gemeinschafft mit Christo durch den brauch der Sacrament nur gewisser / grösser vnnd stercker werde. O jhr zweizüngige Erklärungsschreiber / der Schatz der Sacramenten ist nicht wesentlich / in/ oder vnder den Zeichen / habt jhr allernächst zuuor pag. 50. gesagt. Nun aber wöllet jhr darfür nicht angesehen sein/ vnd müssen die Sacramenta (das durch jr ja anders nichts / dann die Zeichen oder die Elementa verstehet) nicht leere Zeichen sein/ sonder Gott vbergibt mit denselben auch zugleich die Himmlische Gab? Wann wolt jhr euch ewer vnbeständigkeit/ vnd fürsetzlichen teuscherey einmal anfangen zuschämen? Die Hand ist euch im Sack ergriffen/ daß jr die Sacramenta, souil an euch ist/ außleeret vnd zertrennet / dennoch müssen es nicht leere Zeichen sein? Aber anderst kan es nicht sein/ wa man mit bösem Gewissen/ falsche Lehre wissentlich vertheidiget.

50. Frag. pag. 52.

Warzu sind die Sacrament eingesetzt/ oder was nutzen vnd trösten sie/ daß man sie gebraucht?

Je müssen abermal die sichtbare Zeichen/ vns im Glauben stercken vnd trösten/ vnd würdt in dessen das Himmlische in den Sacrameten auff ein ort gesetzet/ oder wol gar außgemustert. Sind die Sacrameta noch nicht leere Zeichen / so doch allein die sichtbare Zeichen vns stercken vnd trösten sollent

D ij   IIII. Von

Christlicher Bericht / von der Zwey-

IIII. Von dem H. Sacrament der Tauff.

57. Frag. pag. 54.
Was ist die Tauff?

Weil dise Leute von den Sacramenten in gemein nichts rechts lehren: so ist leicht zuerachten / daß sie auch von einem jeden insonderheit / nicht bessere erklärung thun werden. Von der heiligen Tauff lehret S. Paulus also: Christus hat gereiniget die Gemeine / durch das Wasserbad im wort / Eph. 5. 26. Nach seiner Barmhertzigkeit macht vns Gott selig / durch das Bad der Widergeburt vnd ernewerung im H. Geist / rc. Das ist je gewißlich war. Was sagt aber hiezu die newe Zweybrückische? Die Tauff ist ein eusserlich Wasserbad / an die verheissung des Euangelij gehencket / welches mich als ein Zeichen erinnert / vnnd als ein Sigel versichert / daß ich durch den Glauben vnnd würckung des H. Geistes / so gewiß mit Christi Blut vnd Geist von allen Sünden gereiniget worden sey / so gewiß ich mit Wasser an meinem Leib getaufft bin worden / rc. S. Paulus sagt: Die Tauff sey das Bad der Widergeburt / vnd ernewerung / rc. Item / wir werdē durch das Wasserbad im wort gereiniget. Aber die Zweybrücki sche wissen es besser / die Tauff ist nicht das Bad der Widergeburt / sonder allein ein eusserlich Wasserbad: wir werden nicht durch die Tauff / sonder ausserhalb / vnnd ohn die Tauff / durch den Glauben vnnd würckung des H. Geists gereiniget vnnd zur kindschafft widergeboren.

Was wöllē aber dise Leute den Widertäuffern antworten / oder wie wöllen sie jre Kirchen vor solchem geschmeis rein vnd sauber behalten / wann die Tauff nur ein eusserlich Wasserbad ist / damit nur der Leibe getaufft würde? Ist dañ so hoch daran gelegen?

bruckischen erklärung des Catechismi. 29

gelegen? Köndē wir nit vnsern Glauben sonst stercken/ vnd eben
diß eusserlich Wasserbad anstehn lassen? Fürwar/ wann sie also
fortfahren/ so werdē sie das Fürstenthumb vil eher mit Wider-
täuffern/ vnd andern Secten erfüllet haben/ dann daß sie das
Papsthumb außfegen/ oder desselben newem inbruch wehren.

55. Frag. pag. 56.
Wie vilerley abwäschung sind in dem Tauff?

Nicht zweierley/ sonder allein einerley abwäschung ist
in dem H. Tauff/ wie S. Petrus klar vnd hell bezeu-
get/ 1. Pet. 3, 21. Nicht abthun des vnflats am Fleisch/
sonder der Bund eines guten Gewissens mit Gott/ durch die
Aufferstehung Christi. Da wir dann außtrucklich hören/ daß
in der heilige Tauff nicht ein eusserliche abwaschung seie mit
Wasser/ von der innerlichen geistlichen abwäschung/ die da geschicht durch das Blut Christi/ von dem H. Geist abgesön-
dert/ sonder daß der heilig Geist selber/ durch die eusserliche ab-
wäschung/ die innerliche reinigung würcket vnd verrichtet. Darumb ob wol der H. Geist im Tauff die eusserliche abwäschung brauchet/ als ein mittel/ dardurch Er die innerliche reinigung will würcken/ so ist es doch nicht mehr/ als eine Sacra-
mentliche abwäschung/ die vns durch das Wasser reiniget
von vnsern Sünden.

56. Frag. pag. ead.
Wer verrichtet die eusserliche abwäschung/ vnnd wer würcket die innerliche?

Gleich wie albereit bewisen/ daß nur eine abwaschung seie
im H. Tauff/ also kan auch in solcher einiger abwäsch-
ung das Werck des Kirchendieners/ von der Krafft des
H. Geists nicht abgesöndert werdē/ sonder dise beide/ nämlich
Gott der H. Geist/ vnd der Kirchendiener/ verrichten zusamē
ein Sacramentlich werck/ welches da ist die abwaschung von
Sünden/ durch das Wasser des H. Taufs. Dann wann
Gott

Christlicher Bericht/von der Zwey=

Gott der H. Geist allein handlet/ohne das mittel des Kirchen=
dieners (wie er zwar kan/vnd in andern seinen wercken thut)
so ist es kein Sacramentlich werck/da das jrrdische vnd Him=
lische zusamen gehören. Widerumb wann der Kirchendie=
ner/ allein handlet/ vnd der heilig Geist nicht durch jhn wir=
cket/ da ist es abermal kein Sacrament/sonder zu beiden thei=
len vnderschidliche handlungen/ deren keine ein Sacrament
kan genennet werden/ weil jre keine die beide Stücke/so zu ei=
nem Sacrament gehören/ beisamen hat/ sonder allein eines/
nämlich des heiligen Geistes handlung das Himmlische/ des
Kirchendieners aber das jrrdische. Was dann den Spruch
Matth. 3,11. anlanget/ da Johannes der Tauffer spricht: Ich
tauffe mit Wasser zur Busse/ der aber nach mir kommet/rc.
dienet er zu solchem vermeindten vnderscheid gar nichts.
Dann Joannes der Tauffer will hiemit keines wegs zweier=
ley abwäschung/die durch zweierley Personen/ oder abwäsch=
er sollen geschehen/ in einem Tauff vnderscheiden/ sonder
macht allein den vnderscheid zwischen sich selbs vnd Christo/
in zweien vnderschidlichen wercken/ nämlich dem Tauff/ in
dem sich Johannes mehr nicht/ als für einen Diener/ vnnd
darzu vnwürdigen dargibt. Dann das heisset die Schuhe
tragen/vnnd der sendung des heiligen Geists/ darzu Christus
kein mittel noch Werckzeug gebrauchet. Darauß man zwar
sihet/daß Christo vnserm Heiland/so wenig schwer were/die
abwäschung von Sünden/ohne die eusserliche reinigung/vnd
des Kirchendieners dienst oder werck zuuerrichten/ so wenig er
einiches Menschē hilff oder dienst bedörfft hat/ zu der sendung
des H. Geistes vber die Apostel. Gleichwol hat es jm also wol=
gefallen/ die abwäschung von Sündē im H. Tauff nit ohne
Iohannē/ vnd andere Kirchēdiener/ sonder mit vnd durch die=
selbe zuuerrichtē. Wie geschriben steht Mar. 1,4. vnd Luc. 3,3.
Johannes predigte die Tauffe der Buß zur vergebung
der

brückischen Erklärung des Catechismi.

der Sünden: vnnd von den Aposteln/ auch allen andern Kirchendienern/ Marci 16,16. Wer da glaubt vnd getaufft würdt/ der würdt selig. Wie jme auch hinwiderumb wolgefallen hat/ die Gaben des Geistes vber die Apostel/ ohne den Dienst oder mittwürckung eines Menschen außzugießen. Darumb er dann Actor. 1,5. die wort Joannis des Teuffers selbst also außleget: Johañes hat getaufft mit Wasser/ jhr aber werdet getaufft werden mit dem heiligen Geist/ nicht lang nach disen tagen. Wie auch hernach Petrus Actor. 11,16. den Aposteln erzehlet / daß da er hab angefangen im Hause Cornelij zureden/ seie der heilig Geist auff sie gefallen/ gleich wie auff sie die Apostel/ am ersten anfang / vnd da hab er gedacht an das Wort des HErrn / als er saget: Johannes hat mit Wasser getaufft/ jhr aber solles mit dem heiligen Geist getaufft werden.

57. Frag. pag. 57.

Womit würdt die eusserliche Abwaschung empfangen/ vnnd womit würdt die Himlische reinigung empfangen?

Als auff dise Frag Christlich zuantworten / ist auß beider vorgesetzten Fragen erklärung leichtlich abzunemen / nämlich / daß abermal die beide Stuck des H. Tauffs/ das leibliche vnnd das himlische/ nicht also von einander zureissen seien/ daß das eine ohn das ander/ sondern vil mehr das himlische durch das leibliche empfangen vnnd genossen werde. Vnd ist sich zuverwundern/ daß die Zweybrückische Antwort auff dise Frag / Christo vnserm Heiland seine Wort so freuenlich darff verkehren. Christus spricht: Wer glaubt vnnd getaufft würdt/ der würdt selig. Solche wort zeucht die Zweybrückische Antwort an/ vnnd vnderstehet sich doch damit strack das widerspil zubeweisen/

E Näm

Christlicher Bericht/ von der Zwey-
Nämlich/ daß die Seligkeit/ welche da stehet in vergebung
der Sünden/ durch den Glauben/ ohn die Tauff empfangen werde. Dagegen wir widerholen die helle vnnd klare
Zeugnussen Pauli droben angezogen/ Eph. 5, 25, 26. Christus hat geliebet die Gemein / vnd sich selber für sie gegeben/
Auff daß er sie heiliget/vñ hat sie gereiniget durch das Wasserbad im Wort. Vnd Tit. 3, 5. Nach seiner Barmhertzigkeit hat vns Gott seliggemachet/ durch das Bad der Wider-
geburt/vñ ernewerung im H. Geist. Deßgleichẽ S. Petrus/
Pet. 3, 20, 21. In der Archa Noe sind wenig / das ist/ acht
Seelen behalten worden durchs Wasser/ welches nun auch
vns seligmachet in der Tauff/ die durch jenes bedeutet ist.

Der zusatz aber diser Antwort/daher gewiß / daß die vnglaubige vnd Heuchler / die innerliche abwaschung durchs
Blut Christi nicht empfahen/ würdt durch das am Rand
gezeichnete Zeugnus Actor. 8, 20. (solte 13. sein) nicht allein nicht bekräfftiget/ sondern stracks vmbgestossen vnd wi-
derlegt. Dann daselbst würdt von dem Simone dem Zau-
berer/ außtruckenlich gesagt/ daß er auch geglaubt habe/
vnd getaufft seie worden/ vnd sich zu Philippo gehalten habe. Vnd stehet den Zweybrückischen Theologen / welche
dise Erklärung geschriben / noch zubeweisen / daß Simon
nicht warhafftig geglaubt/ vnd allein auß heucheley sich hab
täuffen lassen. Werden sie sich das vnderstehn / so werden
sie zugleich auch andere newe Caluinische Irrthumb mit an
Tag bringen. Sonsten daß die vnglaubige vnd Heuchler/
wegen jhres vnglaubens vnnd heucheley/ die innerliche abwaschung durchs Blut Christi nicht empfahen/ gestehn wir
gern. Es folget aber darauß nicht / daß im heiligen Tauff
nicht der gantze Mensch newgeborn / oder von Sünden ge-
reiniget/ sondern allein die glaubige Seel/ der Leib aber müste in

brückischen Erklärung des Catechismi.   33

sie in ewigkeit von Sünden vngewaschen vnd vngereiniget bleiben/ als der diser meinung nach / die innerliche abwaschung durch das Blut Christi/ nimmermehr könde empfahen.

58. Frag. pag. ead.

Was ist die weise vnd art zureden im Sacrament der Tauff?

IN der Antwort auff dise Frag/ würde zwar anfangs recht gesagt/ der Tauff seie eingesetzt zu sterckung des Glaubens / aber es würde solches nicht recht erkläret/ daß der Tauff den Glauben nur also stercken soll/ daß er vns als ein Zeichen erinnere/ vnnd als ein Sigel versichere/ daß wir so gewiß mit Christi Blut vnnd Geist von allen Sünden gereiniget/ 2c. seien/ so gewiß wir eusserlich mit Wasser an vnsern Leibern getaufft sind worden. Dann hiemit würde die Reinigung von Sünden abermal dem heiligen Tauff abgesprochen/ vnd demselben mehr nicht/ dann allein die eusserliche abwaschung gelassen/ wie hievon droben in widerlegung der 53. weitleuffiger ist dargethon.

V. Von dem H. Sacrament des Abentmals.

61. Frag. pag. 60.

Was ist das heilig Abentmal?

Anct Paulus beschreibet vns das H. Abentmal/ was es seie/ 1. Cor. 10, 16. mit nachfolgenden worten: Der gesegnete Kelch/ welchen wir segnen/ ist das nicht die Gemeinschafft des Bluts Christi? Das Brot/ das wir brechen/

E ij

Christlicher Bericht/von der Zwey-chen/ ist der nicht die gemeinschafft des Leibs Christi? Mit welchen worten dann S. Paulus die zwey Stuck/ so zu disem Sacrament gehören/vereiniget/ vnnd vns lehret/ daß wir des himlischen/ das ist/ des Leibs vñ Bluts Christi theilhafftig werden/ durch die gemeinschafft des jrdischen/ nämlich Brots vnd Weins. Vnd also lehret auch der Zweybrückische Catechismus: Es ist der ware Leib vnd Blut vnsers HErrn Jesu Christi/ vnder dem Brot vnd Wein/ vns Christen zuessen vnnd zutrincken von Christo selbs eingesetzt. Deßgleichen das Examen Ordinandorum folio 23. a. Was würdt im Abentmal des HErrn außgetheilet vnd empfangen? Warer Leib vnd Blut des HERrn Jesu Christi. Dann der HErr Jesus Christus hat dise niessung eingesetzet/ daß Er bezeuget/ dz Er warhafftiglich vñ wesentlich bey vns/ vnd in vns sein will/ vñ will in den bekehrten wohne̅/ jhnen seine Güter mittheilen/ vnd in jhnen kräfftig sein/ wie Er spricht/ Joh. 15. Bleibet in mir/ vnd ich in euch. Vnnd pag. 97. a. in der Ordnung des Abentmals: Souil nun die Lehre von dem Sacrament des Abentmals belanget/ wöllen wir/ daß dieselbe stracks/ nach vermög des Worts Christi im Abentmal/ wie solches in der Augsp. Confess. vnd droben im Examine erkläret/ gerichtet werde/ Nämlich/ daß im Abentmal Christi/ der Leib vñ das Blut Christi warhafftiglich vñ gegenwertiglich mit Brot vnd Wein außgetheilet/ empfangen vnd genossen werde. Vnd würdt kurtz zuuor vnder die grewliche Jrrthumb vnd Mißbreuch/ welche durch den Satan in das H. Abendmal geführet worde̅ sind/ auch diser gezehlet/ daß durch die Zwinglische/ das H. Abentmal dahin gedeutet ist/ als ob darinne̅ der warhafftig Leib/ vñ das warhafftig Blut Christi nit gegenwertiglich/ wesentlich außgetheilet wurde. Disen verführische̅ Jrrthum̅ begehrt man gleichwol

in die

brückischen Erklärung des Catechismi.

in die Zweybrückische Kirchen nit einzuführen/noch die biß=
her gehabte Christliche Kirchenordnung auffzuhebē/wie der
Fürst in der Vorrede beredet ist/ aber gleichwol soll man
forthin lehren vnnd glauben/ das heilig Abendtmal seie nur
ein solche eusserliche offentliche handlung/welche vns durch
das essen vnd trincken Brots vnd Weins/als Zeichen/ erin=
nern/vnd als Sigel versichern/ daß wir durch den Glauben
vnd Würckung des heiligen Geists (nota, nicht durch das
Brot/welches die Gemeinschafft ist des Leibes Christi/ noch
durch den Wein/ welcher die Gemeinschafft ist seines
Bluts/ sondern ohn Brot vnnd Wein des heiligen Abendt=
mals/ allein durch den Glauben vnnd Würckung des heili=
gen Geistes) so gewiß mit dem Leib vnnd Blut Christi/ an
vnserer hungerigen vnd dürstigen Seele/ꝛc.gespeiset vnd ge=
trencket werden/ so gewiß wir das Brot vnd Wein mit dem
Mund empfahen. Werden also abermal die zwey Stücke/
so zu einem Sacrament gehören/ von einander gerissen/vnd
also getrennet/ daß keines besonder im Sacrament sein oder
bleiben kan. Dann Brot vnd Wein kan ja kein Sacrament
genennet werden. Gott geb was es erinnere vnnd bedeute/
sintemal wir täglich/ wann wir Brot essen/ vnd Wein trin=
cken/ vns der lebendigen Gemeinschafft mit Christo erin=
nern mögen/vnd doch kein Sacrament halten. Deßgleichen
kan auch die Betrachtung des hingegebnen Leibs vn̄ Bluts
Christi für sich allein kein Sacrament sein/sonder ist nichts
anders/ dann das Werck des Glaubens/ welches durch das
Sacrament soll vnd muß bekrässtiget werden. So würde
auß diser Beschreibung folgen/ daß allein der Glaubigen
Seele mit dem Leib vnd Blut Christi gespeiset vnd getrenckt
wurden/ der Leib aber der Glaubigen gar kein Sacrament
hette.

E iij   63. Frag

Christlicher Bericht/von der Zwey-

63. Frag. pag. 62.

Wie vilerley Speise vnd Tranck sind in dem Sacrament des Abendtmals?

Daß im heiligen Abendtmal zweierley Speiß vnnd Tranck seien/ gestehen wir/ aber nicht auff die meinung/ welche in folgenden Fragen vnnd Antwort mit eingeführet würdt/ nämlich/ als solte diser beiderley essen vnnd trincken jedes vnderschidlich außgetheilet vnnd genossen werden/ sondern bleiben bey der Erklärung Sanct Pauli/ daß das Brot/ das wir brechen/ seie die Gemeinschafft des Leibs Christi/ vnnd werde also das Brot im heiligen Abendtmal/ nicht ohn den Leib Christi/ wie auch der Leib Christi nicht ohn das Brot des heiligen Abendtmals/ genossen vnd entpfangen.

64. Frag. pag. 63.

Wer theilet die jrdische Speiß vnd Tranck auß/ vnd wer theilet den Leib vnd Blut Christi eigentlich auß?

Hierauff ist zuantworten/ wie droben bey der 47. Frage gnugsam erkläret ist. Der Spruch aber Ioan. 6, 51. Das Brot das ich geben werd/ ist mein Fleisch/ gehört zu diser Frag vnd Antwort gar nichts. Dann im selben Capitel/ Christus vnser Heiland aller dings nicht vom heiligen Abendtmal redet/ sondern allein von dem Geistlichen essen seines Fleisches/ vnnd trincken seines Bluts/ welches da geschicht ohne das heilig Abendtmal/ welches auch dazumal noch nicht eingesetzt war/ durch den Glauben allein/ wie solches die nachfolgende Sprüche auß disem Capitul vnwidersprächlich bezeugen/ vers. 29. Das ist Gottes Werck/ dz jhr an den glaubet/ den Er gesandt hat. vers. 35. Ich bin das

Brot

brückischen Erklärung des Catechismi. 37

Brot des Lebens/wer zu mir kompt/den würdt nicht hungeren/vnnd wer an mich glaubt/den würdt nimmermehr dürsten. Vnnd gleich darauff, vers. 36. Aber ich habs euch gesagt/daß jhr nicht gesehen habt/vnd glaubet doch nicht. vers. 40. Das ist aber der Wille des/der mich gesandt hat/daß wer den Sohn sihet/vnnd glaubet an jhn/der habe das ewige Leben/vnnd ich werd jhn aufferwecken am jüngsten Tag. vers. 47. Warlich/warlich/ich sage euch/wer an mich glaubet/der hat das ewige Leben. Zu dem/so ordnet ja Christus im sechsten Capitel Ioannis/zu dem essen vnd trincken seines Leibs vnd Bluts/kein Brot noch Wein/wie dann die Sacrament solche eusserliche Elementa haben sollen. Anderer mehr vnderscheide allhie zugeschweigen/die an seinem ort erkläret werden.

65. Frag. pag. ead.

Womit essen vnd trincken wir die eusserliche Speiß vnd Tranck/ vnd womit essen vnd trincken wir Christum/sein Leib vnd sein Blut?

Auff dise Frag/vnd derselben angehenckte Antwort/ist gleichsfahls in der 48. Frag vnnd Antwort gnugsam erinnerung beschehen/wie auch bey der 61. Vnd sagt S. Paulus außtrucklich/nit vom Glauben/daß derselb im heiligen Abendtmal die Gemeinschafft des Leibs vnnd Bluts Christi seie/sondern von Brot vnnd Wein/wie auch Christus vnser Heiland selber in den Worten vnnd Einsatzung nicht saget/Nemet/esset Brot/vnnd glaubet/daß mein Leib für euch gegeben seie/sondern: Nemet/esset/das ist mein Leib/vnd abermal: Trincket alle darauß/diser Kelch ist das newe Testament in meinem Blut/rc. Daß aber in diser Antwort weiter folgt/daß Christi Leib vñ Blut ist ein Speiß vñ Tranck der Seelen/vnd nit des Leibs/möchte zwar ettlicher massen

maſſen hingehen/was durch die Speiſe des Leibs verſtanden wurde ein leibliche zergängliche Speiß/ dauon S. Paulus ſagt/ 1. Corinth. 6, 17. die Speiſe dem Bauche/ vnnd der Bauche der Speiſe/ aber Gott würde diſe vnd jene hinrichten. Wann aber die Zweybrückiſche Theologi hiemit zuerkennen geben wöllen/ daß der Leib vnnd Blut Chriſti auch auff die weiſe kein Speiß vnd Tranck des Leibs ſeie/daß derſelbe nicht weniger/ als die Seele/ durch den Leib vnnd das Blut Chriſti zum ewigen Leben erhalten werde/ ſo ſetzen wir jnen entgegen/ das hertzliche Zeugnuß des alten Lehrers Irenæi, damit er die Aufferſtehung vnſerer Leibe/auß dem Articul des heiligen Abendtmals/auff das allertröſtlichſte bewiſen hat/ lib. 4. cap. 34. Quemadmodum qui eſt à terra panis, percipiens vocationem Dei, iam non communis panis eſt, ſed Euchariſtia, ex duabus rebus conſtans, terrena & cœleſti : ſic & corpora noſtra percipientia Euchariſtiā iam non ſunt corruptibilia, ſpem reſurrectionis habentia. Das iſt: Gleich wie das Brot/ das auß der Erden iſt/wann es Gottes Beruff vernimmet/ſo iſt es nicht mehr gemein Brot/ſondern Euchariſtia, das heilig Abendtmal/ welches zweierley ding begreiffet/ein jrdiſches vnd ein Himmliſches: Alſo ſind auch vnſere Leiber/ wann ſie des heiligen Abendtmals genieſſen/ nicht mehr verweßlich/ ſondern haben die Hoffnung der Aufferſtehung. Vnnd noch außtrucklicher lib. 5. pag. 296. Quando ergo & mixtus calix & fractus panis percipit verbū Dei, fit Euchariſtia ſanguinis & corporis Chriſti, ex quibus augetur & conſiſtit carnis noſtræ ſubſtantia : quomodo carnem negant capacem eſſe donationis Dei, qui eſt vita æterna, quæ ſanguine & corpore Chriſti nutritur? Das iſt: Wann nun der gemiſchte Kelche/ vnd das gebrochne Brot/

das

brückischen Erklärung des Catechismi.

das Wort GOttes vernimmet/ so würde die Eucharistia (das ist/ das heilig Abendtmal) des Leibs vnnd Bluts Christi/ dardurch vnsers Fleisches wesen gemehret würdt/ vnnd bestehet. Wie können sie dann laugnen/ daß das Fleisch/ welches mit dem Blut vnd Leibe Christi ernehret würdt/ der Gabe GOttes/ welche da ist das ewig Leben/ theilhafftig seie?

Gleicher gestalt kan nicht passiert werden/ daß in diser antwort weiter folget: Daher gewiß/ daß die vnglaubige vnnd Heuchler/ den Leib vnnd Blut Christi nicht essen noch trincken. Dañ ob wol zu beweisung dessen/ der Spruch 1. Corinth. 10, 21. angezogen würde: Jhr könnet nicht zugleich trincken des HERRN Kelch/ vnnd des Teuffels Kelch/ jhr könnet nicht zugleich theilhafftig sein des HERREN Tischs vnnd des Teuffels Tische/ so redet doch Sanct Paulus hie eigentlich nicht dauon/ was geschehen könne oder nicht. Dann so were er jhm selbs zu wider/ weil er hernach 1. Corinth. 11, 27. vnnd 29. bezeuget/ daß/ die vnwürdig von disem Brot essen/ vnnd vom Kelch des HERREN trincken/ die werden schuldig am Leib vnd Blut des HERRN/ vnnd essen vnnd trincken jhnen selbs das Gericht/ damit daß sie nicht vnderscheiden den Leib des HERREN: sondern dauon redet Sanct Paulus/ was man also thun könne/ daß es nuz vnnd gut/ vnnd auch Gott gefällig seie/ wie er sich dann bald darauff selbs erkläret: Oder wöllen wir dem HERRN trozen? sind wir stärcker/ dann Er? damit er ja gnug zuerkennen gibt/ daß welche den HERRN trozen wöllen/ die könnens wol beides thun/ es werd jhnen aber nicht zu gutem gereichen/ GOtt werde starck gnug sein sie zustraffen. Vil was darff es mehr beweisens?

F

Christlicher Bericht/von der Zwey-
sens? Wann es die Corinther nicht schon allbereit beides ge-
than/ das ist/ zugleich des HERRN Kelch/ vnnd des
Teuffels Kelchs sich hetten theilhafftig gemacht/ so hette es
derselben vermanung Sanct Pauli gar nicht bedörfft. Auff
das andere Zeugnuß pag. 64. oben am Rand verzeichnet/
1. Corinth. 11,1. würdt noch zeit gnug sein zuantworten/
wann sie den versum anzeigen/ den sie zu jhrer beweisung
auß solchem Capitel wöllen gebrauchen.

66. Frag. pag. 64.

Was ist die weiß vnd art zureden im Sacrament des
Abendtmals?

Daß Brot vnnd Wein nicht darumb der Leib vnnd
Blut Christi genennet werde/ daß das Brot vnnd
Wein in den Leib vnnd Blut Christi verwandlet
werde/ ist recht vnnd wol erinnert. Was aber in diser Antwort weiter folget: Oder daß der Leib vnd Blut Christi leiblich in oder vnder dem Brot vnnd Wein verborgen seie/ dar-
hinder ist abermal ettwas verborgen. Dann hiemit würde
ohn alle schew/ die bißher gehabte Christliche Kirchenordnung außgemustert vnd auffgehaben. Dann daß man den
Leib Christi leiblich esse/ würdt gesetzet in der vierdten Frag
des Catechismi vom heiligen Abendtmal/ vnnd würdt solches in der Ordnung des heiligen Abendtmals erkläret/ daß
leiblich/ heisse warhafftig/ gegenwertiglich/ wesentlich. Wie
auch Doctor Lutherus solch wort leiblich/ erstlich wider
Carlstadium gebrauchet/ damit anzuzeigen/ daß es nicht
nur ein geistliche Niessung des Glaubens seie/ vnnd damit
ohn zweiffel auff die wort Sanct Pauli Col. 2. 17. welches
ist der Schatten von dem/ das zukünfftig war/ aber der Cör-
per (oder Leib) selbs ist in Christo. Aber dise Erklärung des
worts

brückischen Erklärung des Catechismi.

worts leiblich/ vmbgehen die Zweybrückische/ vnnd tichten fürsätzlich ein andere/ auff leibliche Capernaitische weise. Also/ daß in/oder vnder dem Brot vnnd Wein der Leib vnd Blut Christi verborgen seie/ würdt zum theil in der ersten Frag des Catechismi vom heiligen Abendtmal/ zum theil aber in dem vō Luthero gebesserten Sanct Iohannis Hussen Lied gefunden/ vnnd in der Kirchenordnung Christlich vnd wol erkläret/ wie droben bey der 61. Frage zusehen. Aber das hilfft nicht/ der Catechismus vnd das Gesang/ Jhesus Christus vnser Heiland/ der von vns/ ꝛc. müssen fort/ vnd in den Zweybrückischen Kirchen nicht mehr gedultet werden/ doch soll niemand dabey gedencken/ daß man Zwingliche Irthumbe einführen/ oder ettwas in der Kirchenordnung endern/ noch vil weniger dieselbe auffheben wölle.

67. Frag. pag. 65.

Soll man dann den Leib Christi im heiligen Abendtmal nicht
mit dem Mund essen? Es hat doch Christus gesagt:
Esset/ das ist mein Leib/ da essen geschicht
ja mit dem Mund?

Vff den anfang diser Antwort ist allbereit gnugsam geantwortet bey vorigen Fragen. Daß aber die Niessung des Leibs Christi/ oder die Gemeinschafft des Leibs Christi eine verheissung seie/ das würdt in denen am Rand verzeichneten Zeugnussen/ Hebr. 11, 6. Gal. 3, 11. Ephes. 3, 17. (wie auch sonsten in heiliger Schrifft) nicht gefunden. Sondern allein/ daß die Verheissung mit dem Glauben müsse empfangen werden/ welches niemand laugnet/ vnd derwegen keiner beweisung bedörfft hette. Daß aber die Niessung des Leibs vnd Bluts Christi im H. Abendtmal anders nichts/ dann eine Verheissung seie/ das stehet disen

F ij

Meistern noch zubeweisen/ vnnd gehören andere Zeugnussen dazu/ dann sie noch bißher gebracht. Gleicher gestalt wissen wir wol/ daß der HERR Christus nicht von wegen des Brots vnnd Weins im heiligen Abendtmal/ noch disen eusserlichen Elementen eine Verheissung geschehen seie. Damit ist aber noch nicht bewisen/ daß Christus nicht habe mit dem Brot geheissen seinen Leib essen/ vnnd mit dem Mund sein Blut trincken/ ja vmb der glaubigen willen/ vnd derselben zu gut ist solch essen vnnd trincken im heiligen Abendtmal eingesetzet vnnd angesehen. Von dem Spruch 1. Corinth. 10,16. wie der zuuerstehen/ vnd wie die Gemeinschafft des Leibs Christi/ mit der Teuffel Gemeinschafft bestehen könne/ oder nicht/ ist auch schon erkläret.

Daß aber bey diser Antwort weiter folget/ das heilig Abendtmal könde kein Gemeinschafft mit den Gottlosen/ oder Heuchlern sein/ ist auch droben/ in der Lehre von den Sacramenten in gemein/ erkläret. Vnnd weisen wir die Zweybrückische abermal in jhre Kirchenordnung/ da pag. 171. a. in den Smalkaldischen Articuln also geschrieben stehet: Vom Sacrament des Altars halten wir/ daß Brot vnd Wein im Abendtmal/ sey der warhafftige Leib vnnd Blut Christi/ vnd werde nicht allein gereicht vnd empfangen von frommen/ sondern auch von bösen Christen. Dises sollen sie mit jhrer newen Lehr vergleichen/ oder aber bekennen/ vnd da sie es schon nicht bekenneten/ doch hiemit vberwisen sein/ dz sie die bißher gehabte Christliche Kirchenordnung/ durch dise newe Fragen vnd Antwort gäntzlich auffheben. Werden sie dann hierüber jhr gewöhnlich gespött treiben/ daß vns mehr vmb die Gottlose vnd Heuchler zuthun sey/ dann vmb rechte Christen vnd würdige Gäste bey dem heiligen Abendtmal/

brückischen Erklärung des Catechismi.

mal/ so werden wir jhnen auch antworten/ Daß vor zeiten eben dergleichen Gespött auch die Donatisten getriben haben/ wider den heiligen Augustinum, vnd andere reine Lehrer: Es seie jhnen mehr angelegen/ böse Kirchendiener zu vertheidigen/ dann gute zubekommen. Dann wir ja sonsten fleissig gnug lehren/ daß man das heilig Abentmal nicht vnwürdig/ ohne Glauben/ heuchlerischer weise empfahe.

68. Frag. pag. 67.

Wie kan man den Leib vnd Blut Christi essen vnd trincken/ wann sie nicht in/ oder vnder dem Brot vnd Wein/ sonder in dem Himmel sind?

DER Leib vnnd Blut Christi könden im heiligen Abentmal keins wegs geessen vnd getruncken werden/ wann sie mit dem Brot vnd Wein desselben nicht gereicht vnnd empfangen werden. Dann ob wol das gantz Predigampt/ vnd die heilige Sacramenta samptlich dahin gerichtet sind/ daß vnser wandel im Himmel seie/ vnd wir suchen was droben ist/ so würdt doch hiemit die Stifftung der heiligen Sacramenten keins wegs auffgehaben/ welche darzu von Christo eingesetzt sind/ daß sie vns nicht im Himmel/ sondern hie auff Erden die gemeinschafft seines Leibs vnd Bluts sollen mittheilen. Ob auch wol der Glaub dasjenige fassen vnd ergreiffen kan/ das orts vnd zeit halben weit von vns ist/ So ist darumb noch nicht bewisen/daß der Glaub solche seire würckung im H. Abentmal auch volstrecke/ sondern die Wort der einsatzung lehren vns/ daß es sölltches ergreiffens nit bedörffe. Vnd bleibet der Glaub in seinem wesen/ er begreiffe gegenwertige oder abwesende dinge. Deßgleichen ist es kein ander Blut Christi/ welches die Jünger im heiligen Abentmal mit Wein gegenwertig

F iij

Christlicher Bericht/ von der Zwey-
getruncken/ vnnd welches erst hernach am Stammen des
Creutzes vergossen ist.

69. Frag. pag. 68.

*Warzu ist das heilig Abendmal eingesetzt/ oder was nutzet vnd
tröstet es dich/ daß du von disem Brot issest/ vnd von
disem Kelch trinckest?*

Vff die Antwort diser Frag/ ist der Bericht/ vnnd die
Widerlegung zusuchen/ bey der 61. vnd daselbst weiter angezognen Fragen.

70. Frag. pag. 69.

*Was soltu zu dem heiligen Abentmal bringen/ oder wie soltu dich zu dem
heiligen Abendmal bereitten? Oder wie wiltu das heilig Abentmal würdiglich empfahen vnd gebrauchen?*

IR gestehn gern/ daß zu würdiger empfahung
des H. Abentmals der Glaube gehöre/ vnd habens
mit vnsern zuhörern gnugsam zubezeugen/ daß wir
solches in vnsern Predigten von der vorbereittung zum H.
Abentmal fleissig treiben. Daß aber der Leib Christi allein
mit dem innerlichen Mund des Glaubens/ vnnd nicht mit
Brot vnd Wein/ welche mit dem Mund genossen/ empfangen werden/ dasselbe haben dise Zweybrückische/ wie zwar
alle Sacramentierer/ noch zubeweisen vnd darzuthun.

Diß sey also auff die Zweybrückische Erklärung des Catechismi kurtz vnd einfältig geantwortet. Darauß klar vnnd
augenscheinlich zusehen.

Erstlich/ daß dise Theologi, ihres Fürsten befelch nicht
nachkommen/ in dem sie geheissen worden/ die Leut vor
Päpstischer Abgötterey vnd Aberglauben zuwarnen.

Fürs ander/ daß sie vnter solchem schein/ newe vnnd verführische Lehr/ in die Zweybrückische Kirchen/ ohne schew
einführen/ vnd einschieben. Zum

brückischen Erklärung des Catechismi.

Zum dritten / daß sie solche jhre Irrthumb mit Gottes Wort nicht könden vertheidigen / vnd die Zeugnussen heiliger Schrifft / welche sie führen / jhnen nicht allein nicht behülfflich / sondern mehrtheils zuwider seien.

Zum vierdten / daß sie eigentlich damit vmbgehn / wie sie die bißher in dem Fürstenthumb Zweybrücken gehabte Christliche Kirchenordnung auffheben.

Was nun hierauff eiferigen Kirchendienern vnd Gottsförchtigen Zuhörern zuthun sein wölle / vnd wie sie sich gegen disem newen Catechismo sollen verhalten / ist auß disem allem leichtlich zuerachten. Christus vnser Heiland vnnd Erlöser gebe jhnen wol zubedencken / was Er gesagt / Matth. 10, 32, & 37. Wer mich bekennet für den Menschen / den will ich bekennen für meinem himmlischen Vatter / Wer mich aber verläugnet für den Menschen / den will ich auch verleugnen für meinem himmlischen Vatter. Derselbe wölle sie alle in wahrer bekanntnus stercken / vnd disem so grossen Ergernus vnd beschwerlichen Neuerung stewren vnnd wehren.

AMEN.